Suite Mexicaine

Suite mexicaine

Copyright ©2022 Bona Mangangu

Collection Ailleurs 2022

Suite Mexicaine

Bona Mangangu, Texte

Claude-Henri Bartoli

Gravures originales rehaussées

A Pilar Beltrami et Jan Doets.

Pour votre apport, O combien inestimable !
Pour le souffle du monde relié,
en nous.

A Claude-Henri Bartoli, mon frère.
Joie, joie !

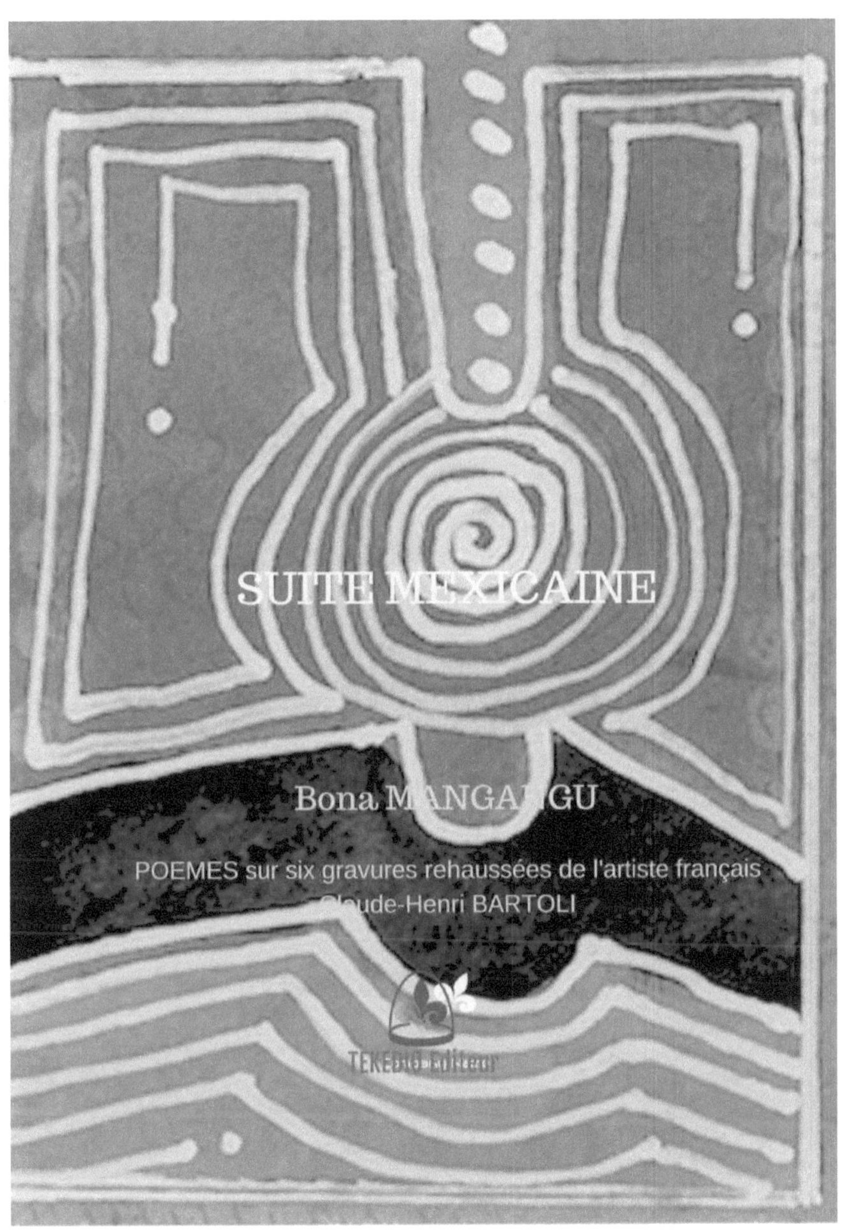

SUITE MEXICAINE
Bona MANGANGU
POEMES sur six gravures rehaussées de l'artiste français
Claude-Henri BARTOLI
TEKERO Editeur

Introït

Nous sommes au Mexique, une nuit d'Août 1521.
Hernán Cortés et ses hommes assiègent Tenochtitlan.
(Mexico), la capitale de l'empire, environnée d'un lac.
Ils se rallient 500 Indiens Tlaxcatèques, un des peuples
qu'oppriment les puissants Aztèques.

Ils connaissent mieux leurs rivaux.
Ils offrent leur service aux Espagnols qui mettent à profit
leur expérience et leur supériorité technologique.
Un an plus tôt, lors de la *Noche Triste*, la nuit triste, ils
ont dû quitter précipitamment la capitale des Mexicas.
La moitié ayant péri dans les marécages.

C'est la dernière nuit de l'empire.
Sa chute est inéluctable.
Au milieu des ruines se dressent deux figures.
Une femelle et un mâle.
L'une est une fille des sources et une héritière.
Son nom est Malintzin, une belle interprète amérindienne
venue de Vera Cruz et donnée aux Espagnols par les
Indiens Mayas.
L'identité de l'autre est incertaine.
Son visage est caché par un masque.

Est-ce Hernán Cortés lui-même, un indien Tlaxcatèque
ou un conquérant dépêché de Cuba ?
Il ne fait aucun doute que c'est un étranger.
On le devine barbu, le teint clair, une fière allure.
Pétri d'orgueil.

Son cheval caparaçonné se tient à l'écart.
L'Histoire retient le nom du premier cité.
La légende ne mentionne pas celui de deux autres.
Un dialogue s'instaure entre l'Amérindienne et
le Conquistador. Jusqu'au fond de la nuit.

Le reste est une affaire de rage, de sang et de désir.

I

D'abord les corps. Ensuite le souffle.

Je veille ma barbarie au sommeil du désir.
A fleur d'attente.
Un peu à l'écart, un corps d'ivresse.

Mes mains, telles des branches
Aux commandes du vent, tremblent.
Le souffle est court. A quoi faudra-t-il renoncer ?
Au sommeil ou au désir ?

Un arbre pousse à l'endroit du corps
Où la greffe de la chair souligne ses ourlets.
Pas de sang.
Aucune douleur écarlate. Pas de cri.
Juste les griffes du regard
pour abréger ou prolonger l'attente.

Battements irréguliers.
Aucun souffle n'est innocent.

Nous nous perdons dans le temps.
L'autre nom à l'acmé du désir, le supplice.
Je l'ignorais jusqu'à ce matin

II

Qui es-tu ?
Ote ton masque. Es-tu l'amant venu de l'Est ?
Essuie ton front. Je sens frémir ton souffle.

Tu brises le silence au charme de ta voix.
Est-ce une douce naissance, un leurre
Ou un hymne candide pour le besoin de l'empire ?

Qu'importe ! Tu es venu. Je ne t'attendais pas.
Cessons de répéter
ce que nous ne pourrions mieux nommer.
Il faut attendre la chute du jour
pour que les abîmes s'ouvrent

Aux étreintes fertiles,
Le récif de tendres pouls.

Moins fort.
Les Maîtres d'autel veillent.
Le Grand Prêtre dort.

Gardienne du seuil, je ne comprends pas ton langage.
Qui que tu sois,
au contact de la chair tu perdras tes desseins.

Je ne crains ton souffle vengeur, ton haleine de brute.
Ecarte tes poignets. Tu cambres.
Les dessins de ta chair sont dérisoires.
Oublie tes révoltes.

L'arc de tes jambes est risible.
Touche mes paupières.

Plus puissante qu'une transe, mon audace.

Ma tache, séduire tout étranger de passage.
Ni vestale ni esclave. Je suis une fille des sources.
Plus savoureuse qu'un épi de maïs, ma bouche.

Bientôt à nous ce soleil d'éveil
que l'aurore garde sur ses genoux.
Muette sur le lit de cristal,
je serai ta servante de minuit que le zèle rassure,
L'excès des charmes conforte.

Peu importe ta fougue.
Elle sera oubli sur la courbe de mon dos.

Aux nœuds mouvants de tes mains,
j'apposerai une morsure brève,
Elle sera douleur exquise sur les ridules de ta nuque
Elle sera douceur sur tes poignets de cuir.

J'affronterai l'inconnu dans les plis et replis de ton corps.

Maîtresse des vagues, je serai ton naufrage.

Ose ! la mort te plaira, O gardienne des signes !

Au-delà de cette porte, nous ne serons plus au monde

III

Un seuil. La chair. Des desseins.

Il faut apparier le mouvement au corps,
le souffle au rythme.
Je sens tressaillir son arbre à l'approche de mon flanc.
Une brise légère. C'est son souffle. La sève monte.

Tendu, tel un arc, entre l'ombre et le soleil,
L'amant venu d'Espagne se flattera bientôt de mon attrait,
De ma morsure, de mon don.

La dureté, c'est son attribut.
L'orgueil, c'est son défaut. La vanité, sa perte.
Pour autant qu'il se plie à mes exigences de femme,
je lui obéirai.

Qu'il vienne offrir sa cime à la foudre du plaisir,
Qu'il vienne dans les feuillages à l'éclair du désir.
Je l'accueillerai par le sacre du maïs, du tabac et du sang.
Mes mains lui feront offrande de mon breuvage amer.

Recule ! Les prêtres n'ont pas scellé notre alliance.
Je te conduirai lentement par mes mors, mes abords.
Au coeur de la nuit sans sacrifice.

Ne t'engage pas si vite sur les flots, tel un navire.
Ne te précipite pas sur le suffrage de mon arc.
Ce n'est pas l'heure de faire naufrage
aux mirages de diamant.

Avance ! Ne trouble pas les ondes, ne défais pas les mors.
Je n'ai pas assez gémi pour céder à la cruauté de l'amant.
Attends !
Nous n'avons pas encore étreint le soupir de la mort.

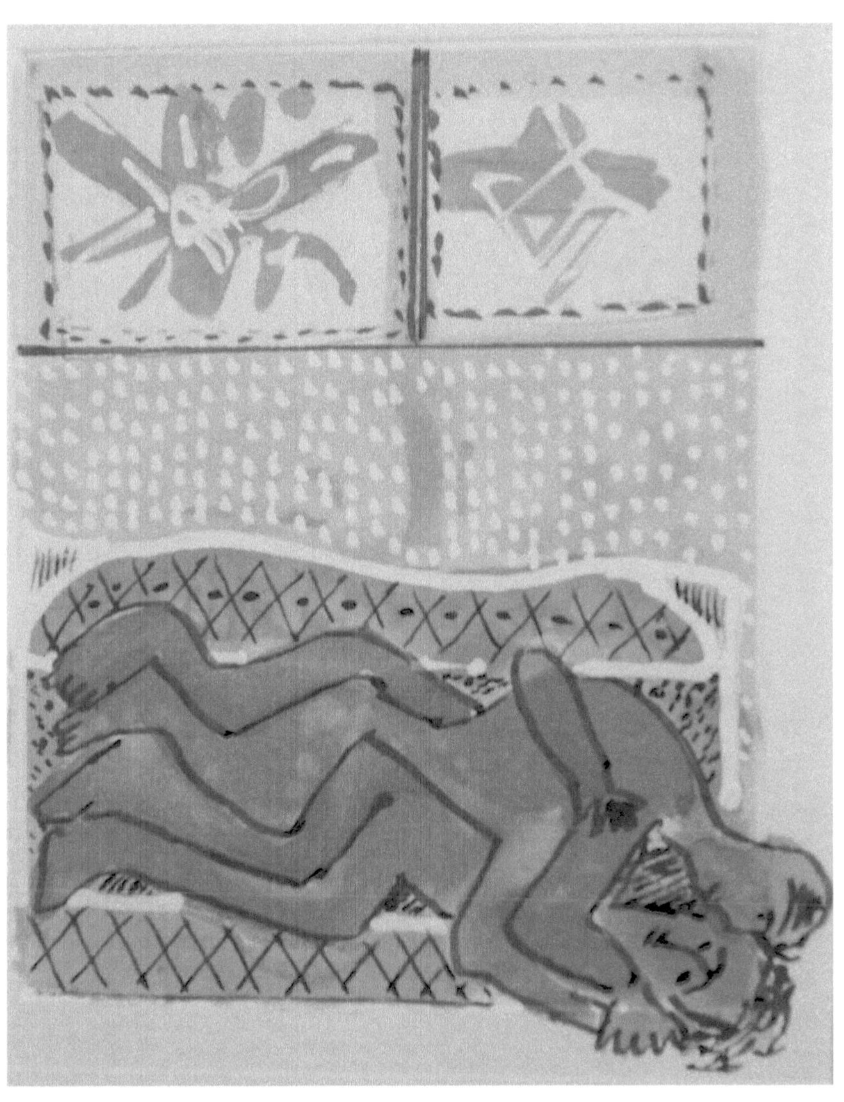

IV

Est-ce donc toi le doux monstre au seuil de l'empire ?
Où-est ton orgueil, où ta rage de femme ?
Tu corromps tout élan d'homme par le feu de ton âtre.

Qu'as-tu fait du secret du temple ?
Où sont les offrandes aux morts,
Les larmes du soleil : l'Or ?

Tu abrèges l'office sur la pierre d'autel.
Tu prodigues des caresses, tu distribues des bontés
Qu'as-tu fait de tes cruautés ? De tes rites sanglants ?

Arrière ! Tes hommes profanent le temple
Ils pillent tout ce qui brille
Regarde ! La chair de l'empire saigne

Ils brisent le silence avec leur glaive
Peuplant la solitude avec le mépris.
Alors que montent les cris de la pierre,
Les larmes de Jade luisent

Et monte la chaleur d'étuve.

L'homme conquis s'ébroue
La douleur trébuche.
Ses genoux ploient.

D'abord misérable, sa voix s'épure
Mêlée au velours de la nuit
Elle s'étoffe.

La crainte le quitte.
L'assurance le gagne.

Puis se tait
Avance
Et écarte ses bras

L'arbre s'enhardit et grimpe. A l'orée de mon buste.
Oubliant ses desseins, il se dresse.
Nourri d'une sève nouvelle.
C'est l'alliage des feuillages et de la foudre.
De la cime et de l'éclair.
Du sang et des eaux.

Croyant monter, il descend.
L'astre de minuit est son allié.
Au branle de son arbre, tout semble s'entremêler :

Douleur et plaisir.
Ecume et diamant.

C'est un naufrage heureux

V

La nuit avance, les espaces s'étirent.
Nous sommes mortels, nous sommes heureux.
Otons nos masques, ne soyons pas ridicules.
Les frontières de l'empire s'amenuisent.

Nous ne sommes plus dans le monde.

Tu prolonges l'empire en moi.
Avec ta vigueur. Ta démesure.
Nos corps se confondent aux entrailles du lit
Arrosé de mon sang. Baigné de ta sève.

L'espoir se morfond sur les marches des pyramides.
La nuit se glisse, et se perd dans les ondes de l'amour.
Elle y fonde un nouvel empire.
Sans fastes, sans piastres.

Nous ne sommes rien, toi et moi.
Ni roi conquis ni reine asservie.
Seulement une force,
Unique au regard des astres.

Notre gloire
est de respirer nus sur les marches des ruines.
Un besoin unique au mépris de nos voeux.

Et s'il nous arrivait de trébucher ?

Je me prolonge en toi.
Avec ma douceur.
Avec ma mesure.

Nous voici : une roue au cœur des soupirs,
une seule roue au creux du cristal.

Si tu osais plus, tu n'en serais que plus gracieuse

Que deviendrait l'empire si tu t'éloignais ?
Qui s'occuperait de nos enfants
Dans la tourmente des jours et des nuits ?

Femme. Oublie notre devenir.
Au soleil de mûrir les fruits amers.
Au ciel de nourrir ses promesses.
Et aux amants d'adoucir le goût indigeste du temps.

Nous reviendrons sans cesse au point initial.
Libres et sans partage. A la source claire de la parole.
Au mépris de l'obscur et de l'opaque.

Moins fort.
Le Grand Prêtre dort.
La tristesse de l'empire est inconsolable.

Il faut vite conclure le sacre de la nuit.
Avant que les flots ne nous emportent
Par delà les limites du Verbe.

VI

Voici l'aube, pâle.
Les premières lueurs de Septembre.
Et nous autres humains, et nous captifs des ondes
Ne devons-nous rien aux dieux mortels ?

Nous les avons trahis.
Ils ont lâché notre main
Qu'ils tenaient pourtant fort.

Le Grand Prêtre, repu du rituel de la mort,
N'a rien prévu, rien pressenti. Etourdi de sang
Il sommeille dans le froid de l'autel
Rongé par le remord.

Notre crime fut d'ignorer leur loi.
Notre aveuglement d'adorer le soleil.
Le vôtre, de mépriser d'autres peuples.

Notre promesse fut d'ouvrir les abysses.
De guider nos navires aux rebords du monde
Et notre tort d'aimer le sang, les eaux, les peaux

Ni la vengeance ni la mort
Ne sont aussi puissantes que le désir
Le suc de la volupté.

Les Maîtres d'autel ont scellé notre sort.
Sommes-nous à jamais perdus ?

Vers qui nous tourner à présent ?
Nous ne voulons pas de leur clémence.
Ne jugeant point leur méfiance.

Ne ferons-nous rien pour leur ressembler,
Qu'ils acceptent ce que nous sommes :
Des nœuds d'eaux vives au coeur des ondes.

Les amants des marges. Aux couleurs du songe.

Le temple est en ruine. Ils ont tout mis à sac
Tes hommes ont brisé l'autel d'argent et de jade.
L'Or – les larmes du soleil – coule de leurs havresacs
La cruauté marche vers son triomphe.

Devant la table d'émeraude, l'avidité.
Qu'ils jubilent ! Chiens affamés !
Demain, la vermine et la variole.

O douce et indomptable mort !
La pierre du temple s'enferme dans sa nuit.
Le Grand Aztèque est défait. O chair triste sort !

La consolation est interdite.

Le soleil de midi est à genoux sur l'estrade du jour
Comme un amant ivre de mezcal
Il est perdu. Il s'est rendu.

Sans force Sans éclat
Sans les plumes de Quetzal

Dans la solitude, personne n'envie son sort.
Il baigne dans le sang du sacrifice
Le sang des vierges et des enfants.

Terre rouge.
Cendre noire.
Au ras du sol, le ciel.

Nous marchons dans les eaux, cœurs immobiles.
Cette nuit, la gloire de l'empire fut brève.
Mais une gloire sans trêve.

Monstre ou poulpe. Pieuvre ou moule.
Nous sommes la fraîcheur d'une peau neuve
Que l'espérance a déserté.

L'après-soleil, un repli dans la solitude.
Il est venu le temps du silence
L'essence de toutes choses.

L'Astre de minuit fut notre ultime offrande

Ne devons-nous rien aux pâles éclats du jour ?
Nous devons tout aux Maîtres du glaive :
Le souffle. La mort. Le monde après tout.

Qu'attendons-nous de l'amant venu de l'Est ?
Nous n'apportons rien au festin du Royaume
Uniquement notre sang à la Nouvelle Espagne

Près de toi ici tout près, la tristesse est douce
O cruel étranger aux mains sans baume !
La paix des ondes est notre admirable tombeau.

La Malinche et Hernán Cortés in Codex Azcatitlan,
début du XVIe siècle de la conquête du Mexique

Coda

Le mythe de l'empire et des hommes-dieux
s'effondra au contact du glaive.
Les hommes venus de l'autre cote de l'océan foulèrent
aux pieds les traditions
et les cultures séculaires des Aztèques
Ils massacrèrent une partie de la population,
pillèrent l'or des palais et détruisirent des temples.
Motecuhzoma II (Moctezuma), l'empereur,
ne fit que céder, tête, basse,
devant le conquérant espagnol qu'il crut, à tort,
descendant du dieu Quetzalcoatl.

Cinq siècles nous séparent de cette nuit triste, tragique.
Nous entendons encore le râle des mourants,
le cri de la pierre,
le cliquetis du glaive et la rage des Aztèques.
Maîtresse et conseillère du conquistador Hernán Cortés,
Malintzin ne put guère, à elle seule,
sauver l'empire de la destruction.

Aujourd'hui,
certains historiens affirment que son humble
mission de médiation épargna de nombreuses
vies humaines.
Avant que la variole ne vienne, à son tour,
décimer une grande partie de la population amérindienne.

La mort forme le visage de la Nouvelle Espagne :
Le Mexique est né de cette nuit d'horreur.

Ce poème scelle l'union de deux amants improbables.
Et cette union ouvre une nouvelle ère entre l'ancien
et le nouveau monde.

Traîtresse pour certains, héroïne pour d'autres,
en donnant une progéniture à Hernán Cortés,
celle qui fut une simple interprète donnée aux Espagnols
par les Mayas,
devint une femme de grande valeur.
Après la mort de Cortes, elle épousa un autre conquistador,
Juan Jaramillo, puis disparut aux alentours de 1529,
à l'âge de vingt neufs ans.
Malintzin en nahuatl, La Malinche ou
Doña Marina selon son nom de baptême, demeure,
quoi qu'on en dise, la Mère de tous les Mexicains.

La Malinche

POEM I

Bodies first. Then breathe.

I watch over my savagery as desire sleeps,
It is just on hold.
On the side, my drunkenness hurts.

My hands tremble like branches in the wind
Short of breath. What do I have to stop ?
Sleeping or desiring?

A tree pushes at the edges of the skin graft
No blood. No scarlet pain at all. No cry.
Just my clawed look, to shorten or prolong the wait.

Irregular heartbeat.
No breathing is innocent.
We get lost in time.
Until this morning I was still unaware
That agony is no other than the climax of lust.

POEM II

Who are you ?
Lift your mask.
Are you that lover who came from the East?
Wipe your forehead. I feel the shiver of your breath.

You break the silence by the charm of your voice,
Is it a gentle birth,
Or is it aimed at some empire without a national anthem?

Never mind – you're there. I did not expect you.
Let us stop repeating what we cannot define.
We have to await nightfall for the abysses to open,
For the cliffs to be bared to the harvest of our fertile kisses.

O reef of soft pulses !
So much gentleness to close our eyelids.

Not so loud.
The altar masters never sleep.

Keeper of the threshold,
I do not understand your language.
Whoever you are,
you will lose your desires at the threshold of the flesh.

I do not fear your vengeful breath
or your sighing like a wild animal.
Open up your wrists. You arch your back.

The lust of your flesh is ridiculous.
Forget your revolts. The curb of your legs makes me laugh.
Touch my eyelids

My boldness is more powerful than a trance.
My task is to seduce all strangers.
I am neither a vestal virgin or a slave. I am a maiden of the
springs.
My mouth is sweeter than a corn's ear.

The awakening sun,
still on aurora's knees, will soon be ours.
Silent, on the crystal bed,
I'll be your midnight servant, confident by my zeal and
Strengthened by my surplus of charm.

Your ardour, who cares,
It will be lost on the curve of my back

I'll briefly bite the moving knots of your hands
Cause an exquisite pain of the wrinkles in your neck.
Sweetness on the wrists of the courageous.

I'll face the unknown
in the folding and the unfolding of your body.
Mistress of the waves, I'll be your shipwreck.

The death will please you, O guardian of the words
Having passed the threshold, we'll have left the world.

POEM III

A threshold. Flesh. Intentions.
Match movement with body, breath with rythm.
I feel the quiver of his tree as he approaches my thigh.
A soft breeze, his breath. Juice coming up.

Drawn, like a bow, between shadow and sun,
The lover from Spain is about to pride
My appeal, my bite, my gift.

His toughness is his strength.
His pride is his weakness. Vanity is his loss.
As long as he submits to my wishes , I'll obey him.

May he come and peak the lightning of pleasure
May he come through the foliage flashing of desire
I'll receive him with an offering of corn,
tobacco and blood
My hands will offer him my bitter drink

Step back! The priests have not sealed our alliance.
I'll lead you slowly by my words, my manners
To the heart of the night, without sacrifice.

Do not surrender to the waves so quickly, like a ship
Do not rush to the choice of my bow
This is not the time to shipwreck in diamond mirages

Get on with it !
Do not mess up the waves, do not undo the bit
I have not sighed enough
to give way to the cruelty of the lover
Wait ! We have not yet embraced the sigh of death.

POEM IV

So is it you, sweet monster,
on the threshold of the empire?
Where is your pride, where is your female fury ?
You corrupt all male fervour by the fire of your hearth.

What have you done with the secret of the temple?
Where are the offerings to the dead,
The tears of the sun: Gold ?

You put an end to the service on the altar's stone.
You lavish caresses, distribute goodness.
What have you done with your cruelty ?
Your bloody rites ?

Step back ! Your men desecrate the temple.
They loot all that glitters.
The flesh of the empire is bleeding.
The stone cries louder and louder.

They break the silence with their swords
Populating solitude with the contempt.
While the shouts of the stone rise,
The Jade tears gleam

And up the heat stove !

The silence trembles.
The conquered man snorts.
The pain stumbles. His knees are bending.

Miserable at first, his voice warps and dims.
Mixed with the night velvet, it becomes audible again.
Fear is no more. Self-assurance is mounting.

He falls silent.
Steps forward
And spreads his arms.

The tree hardens and climbs. To the edge of my breasts.
Forgetting his intentions,
his rise is more beautiful. Nourished by a new juice.
Foliage and lightning united. Peaking and flashing.
Blood and water.

Believing he climbs, he goes down
The midnight star is his ally.
As the tree swings, all seems entangled.

Pain and pleasure.
Foam and diamond.

A happy shipwreck.

POEM V

The night moves on, spaces stretch
We are human, we are happy.
Lift our masks, let us not be foolish.
The frontiers of the empire fade.

We are not in this world any longer.

You extend the empire in me.
With your strength. With your outrageousness.
Our bodies fuse in the bowels of the bedstone
Sprinkled with my blood. Bathed in your sap.

Hope languishes on the steps of the pyramids.
The night slides by and disappears in the waves of love.
It creates a new empire there. Without glitter or piastres.

We do not exist, you and me.
We are not a defeated king or an enslaved queen.
A power only –
Unique, seen from the stars.

If you dared more, you'd be more graceful
Our glory is to breathe, nude, on the steps of the ruins.
A unique need against our wishes.

I become longer inside you. With my fondness. My tempo.
Look at us : a wheel in the heart of sighs.
just one wheel in the heart of crystal.

What will happen to the empire if you go back ?
What will happen to our children
In the storm of days and nights, without you ?

Woman. Forget our fate.
In the sun where bitter fruits ripen.
In the sky where we fulfill our promises
Let lovers soften the unbearable taste of time.

We'll always return to our starting point.
Free and without sharing.
At the clear spring of the word.
In defiance of the dark and the misty.

Not so loud.
The Great-Priest is asleep.
The empire's sadness is inconsolable.

We'll have to stop this night's rite and fast.
Before the tides of today sweep us
Beyond the limits of the Verb.

POEM VI

Dawn is here, it is bleak.
The first glimmer of September.
And are we humans, captives of the waves
Not in debt with our mortal gods ?

We have betrayed them
They have let our hands slip away
Although they held them so firmly.

The Great-Priest, full of the ritual of the dead
Has not anticipated anything. Full of blood he was.
He dozes in the cold of the altar
Racked with remorse

Our crime was to disobey their law
Our blindness to worship the sun.
Yours as well, of looking down on other people

We promised to open the abysses.
To navigate our ships towards the limits of the world.
We were wrong to love blood, waters, skins.

Neither revenge nor death weigh up against desire.
Sap of delight.

The masters of the altar have sealed our fate.
Are we lost ?

Whom can we approach now ?
We do not wish their clemency.
We do not judge their lack of trust.

Let's not do anything to resemble them.
They should accept us how we are :
Watery knots inside the waves.

Lovers of edges. In the colors of dreams.

The temple is collapsing. They have ransacked everything.
Your men have shattered the silver altar.
Gold – tears of the sun – streams from their bags.
Cruelty is on its triumph

In front of the emerald altar, Greed.
Rejoice today, starving dogs !
Tomorrow, Vermin and Smallpax !

The stone of the temple locks itself in its dark night.
The mighty Aztec is down. O flesh, unenviable faith !
O soft and unconquerable death !

Consolation is forbidden.

The sun is kneeling on the day's platform.
Like a lover inebriate of mezcal
It has surrendered. Lost.

Without force.
Dull.
Without Quetzal's plumes.

No-one envies its fate, its loneliness.
It dwells in the blood of sacrifice
The virgins and children's blood.

Red dust.
Black ash.
The sky is close to the ground

We march into the waters, with cold hearts.
Last night the empire's glory was short
Relentless.

Monster or octopus. Mussel or squid.
We are the freshness of a skin
Left by hope.

Sun's fall aftermath. Returning to solitude.
There comes the time of silence.
The essence of all things
The midnight star was our ultimate gift

Don't we owe anything to daybreak ?
We owe all to the Masters of the sword.
Anxiety, death, the world after all

What do we expect from the lover from the East ?
We'll bring nothing to the King's table
Our blood only, to New Spain.

Nearer to you, even sadness is sweet.
Balmless are your hands, O cruel stranger !
The peace of the waves is our admirable grave.

Traduction : Jan DOETS – La Haye, Pays-Bas

I

Primero los cuerpos. Después el aliento.
Vigilo mi barbarie en el deseo dormido.
La espera a flor de piel.
Un poco al margen, un cuerpo embriagado.

Mis manos tiemblan,
como ramas conducidas por el viento.
Sin aliento.
¿A que tenemos que renunciar?
¿Al sueño o al deseo?

Un árbol crece en el lugar del cuerpo
donde el transplante carnal
realza sus dobladillos.

No hay sangre. No hay dolor escarlata.
No hay gritos.
Sólo las garras de la mirada para abreviar
o prolongar la espera.

Latidos irregulares.
Ningún aliento es inocente.
Nos desvanecemos en el tiempo.

El tormento, otro nombre en el éxtasis del deseo,
Lo ignoraba hasta este amanecer.

II

¿Quién eres?
Quitate la máscara. ¿Eres el amante que llegó del Este?
Sécate la frente. Siento temblar tu aliento.

Rompes el silencio con tu voz encantada.
¿Es un suave comienzo, un cebo
o un canto cándido para el deber imperial?

Qué importa! Has venido. No te esperaba.
Dejemos de repetir lo que no podríamos nombrar mejor.
Hay que esperar el crepúsculo
para que se abran los abismos.
Los arrecifes palpitantes, a los abrazos fértiles.

Menos fuerte.
Los Maestros del altar velan.
El Gran Sacerdote duerme.

Guardiana del umbral, no comprendo tu lenguaje.
Quien quiera que seas,
perderás tus designios al contacto carnal.

No temo tu aliento vengador, tu hálito brutal.
Abre tus muñecas. Te alabeas.
Los dibujos de tu cuerpo son triviales.
Olvida tus rebeldías.

El arco de tus piernas es grotesco.
Toca mis párpados.
Mi osadía, más poderosa que un trance.

Mi quehacer, seducir a los extranjeros de paso.
Ni vestal ni esclava. Soy hija de los manantiales.
Mi boca, más sabrosa que una mazorca.

Pronto será nuestro ese sol de amanecer
que la aurora guarda en su regazo.
Muda sobre la cama de cristal,
seré tu sierva de medianoche
que templa el ardor, que el colmo de belleza alivia.

Poco importa tu fuga.
Será olvido sobre la curva de mi espalda.

En los nudos movedizos de tus manos,
mi dentellada breve
será dolor exquisito sobre los surcos de tu nuca
será dulzura en tus muñecas de cuero.

Afrontaré lo desconocido en los pliegues
y repliegues de tu cuerpo.
Amante de las olas, seré tu naufragio.
¡Atrévete! La muerte te gustará,
¡Oh, guardiana de los auspicios!
Más allá de esta puerta,
ya no estaremos en el mundo.

III

Un umbral. La carne. Los designios.

Hay que emparejar el movimiento al cuerpo,
el aliento al ritmo.
Siento estremecerse su árbol cuando acerco mi costado.
Una brisa ligera. Es su aliento. La savia crece.

Tenso, como un arco, entre sol y sombra,
el amante español presumirá pronto de mi atractivo,
de mi mordisco, de mi ofrenda.

La dureza, es su atributo.
El orgullo, su defecto.
La vanidad, su perdición.
Mientras se someta a mis exigencias de mujer,
le obedeceré.

Que venga a otorgar su cima al trueno del placer,
que venga en la hojarasca al rayo del deseo.
Le acogeré con el triunfo del maiz,
del tabaco y de la sangre.
Mis manos le otorgarán mi poción amarga.

¡Atrás! Los sacerdotes no han sellado nuestra alianza.
Te conduciré lentamente por mis riendas, mis afueras.
Al corazón de la noche sin sacrificio.

No te lances tan rápido sobre las olas, como un navío.
No te precipites sobre el dilema de mi arco.
No es hora de naufragar en los espejismos diamantinos.

¡Avanza! No turbes las ondas,
no deshagas las mordazas.
No he gemido bastante
para ceder a la crueldad del amante.
¡Espera!
Todavía no hemos abrazado al suspiro de la muerte.

IV

Entonces, ¿eres tú el dulce monstruo
en el umbral del imperio?
¿Dónde está tu orgullo, dónde tu rabia de mujer?
Corrompes, por el fuego de tu altar, todo ímpetu viril.

¿Qué has hecho del secreto del templo?
¿Dónde están las ofrendas a los muertos?
Las lágrimas del sol: ¿Oro?

Abrevias la ceremonia sobre la piedra del altar.
Prodigas caricias, distribuyes bondades
¿Qué hiciste con tu crueldad?
¿Con tus ritos sanguinarios?

¡Atrás! Tus hombres profanan el templo
saquean todo lo que brilla
¡Mira! Sangran los cuerpos del imperio.

Rompen el silencio con sus espadas
poblando la soledad con el desprecio.
Mientras crecen los gritos de las piedras,
brillan las lágrimas de Jade.

Y sube un calor acrisolado!

El hombre conquistado se encabrita.
El dolor resbala.
Sus rodillas se doblan.

Al principio miserable,
su voz se purifica y se fortalece,
mezclada al terciopelo nocturno.

El miedo le abandona.
La seguridad le vence.

Luego se calla, avanza y abre los brazos.

El árbol se enardece y trepa. A la linde de mi torso.
Olvidando sus designios, se alza.
Alimentado de nueva savia.
Es la alquimia de las hojas y el relámpago.
De la cima y el rayo.
De la sangre y el agua.

Creía ascender, pero desciende.
El astro de medianoche es su aliado.
Al temblor de su árbol, todo parece entremezclarse:

Dolor y placer. Espuma y diamante.

Es un naufragio dichoso.

V

La noche avanza, los espacios se dilatan.
Somos mortales, somos felices.
Despojémonos de nuestras máscaras,
no seamos ridículos.
Las fronteras del imperio se difuminan.

Ya no somos de este mundo.

Prolongas el imperio en mí.
Con tu vigor. Tu desmesura.
Nuestros cuerpos se confunden
con las entrañas de la piedra
regada con mi sangre. Bañada de tu savia.

La esperanza se aburre en las escaleras de las pirámides.
La noche se desliza, y se pierde en las ondas del amor.
Allá funda un nuevo imperio. Sin ducados ni ceremonias.

Tú y yo no somos nada,
Ni rey conquistado ni reina sometida.
Un único impulso bajo la mirada de los astros.

Nuestra gloria es respirar desnudos
en las escaleras de las ruinas.
Un menester único en desafío a nuestros anhelos.

¿Qué pasaría si tropezáramos?
Me prolongo en ti. Con mi dulzura. Con mi ritmo.

Henos aquí: una rueda en el corazón de los suspiros,
sólo una rueda en el hueco del cristal.
Tendrías más donaire todavía si fueras más audaz.

Si te alejaras, ¿Qué pasaría con el imperio?
¿Quién se ocuparía de nuestros hijos
en los días y las noches atormentados?

Mujer. Olvida nuestro sino.
El que debe madurar los frutos amargos, es el sol.
El que debe alimentar sus promesas, el cielo.
Aplacar el sabor insoportable del tiempo, los amantes.

Volveremos sin cesar al punto inicial.
Libres, indivisibles. Al manantial claro de la palabra.
Al desprecio de lo oscuro y de lo opaco.

Más bajo.
El Gran Sacerdote duerme.
Inconsolable, el quebranto del imperio,

Apurarse en consagrar la noche.
Antes que las olas nos rapten
más allá de los confines del Verbo.

VI

He aquí el alba. Pàlida.
Los primeros resplandores de Septiembre.
Y el resto de nosotros, cautivos de las olas
¿no debemos nada a los mortales dioses?

Les hemos traicionado.
Soltaron nuestra mano
que sólidamente mantenían.

El Gran Sacerdote, saciado del ritual de la muerte,
no predijo nada, no intuyó nada. Aturdido de sangre
se adormece en el frio
del altar roído por el remordimiento.

Nuestro crimen fue ignorar su ley.
Nuestra ceguera, adorar al sol.
La vuestra, despreciar a otras naciones.

Nuestra promesa fue abrir los abismos.
Guiar nuestros navíos al borde del mundo
y nuestra sin razón, amar la sangre, el agua, la piel.

Ni la venganza ni la muerte
son tan potentes como el deseo,
la médula del gozo.

Los Maestros del altar sellaron nuestro destino.
¿Nos perdimos para siempre?

¿A quién recurrir ahora?
Ya no queremos su clemencia.
Ya no juzgamos su desconfianza.

No haremos nada para parecernos a ellos,
que acepten lo que somos:
nudos de agua viva en el corazón de las olas.

Los amantes de las márgenes. Teñidos de ensueño.

El templo está en ruinas. Lo han saqueado todo.
Tus hombres han quebrado el altar de plata y de jade.
El Oro-las lágrimas del sol- fluye de sus mochilas,
la crueldad camina hacia su victoria.

La avidez, delante de la mesa esmeralda,
Que disfruten! Perros hambrientos!
Mañana, la escoria y la variola.

¡Oh dulce e indomable muerte!
Las piedras de tu templo se encierran en su noche.
El Gran Azteca está derrotado. Oh cuerpo, triste destino!

El consuelo, prohibido.

El sol del mediodía se arrodilla en el proscenio diurno
extraviado como un amante ebrio de mezcal.
Se ha rendido.
Sin fuerza
Sin resplandor
Sin plumas de Quetzal.

En la soledad, nadie le envidia.
Yace en la sangre del sacrificio,
la sangre de las vírgenes y de los niños.

Tierra roja. Ceniza negra.
El cielo a ras del suelo.

Andamos sobre las aguas, corazones inmóviles.
Esta noche, la gloria del imperio fue breve.
Mas una gloria sin tregua.

Monstruo o pulpo. Calamar o almeja.
Somos la frescura de una piel nueva
que la esperanza abandonó.

Después del sol, un repliegue en la soledad.
Vino el tiempo del silencio.
La esencia de todo.

El Astro de medianoche fue nuestra última ofrenda.
¿No les debemos nada a los pálidos fragmentos del día?
Todo se lo debemosa a los Maestros de la espada.
El aliento. La muerte. El mundo después de todo.

¿Qué esperamos del amante venido del Este?
Nada llevamos al banquete del Reino,
sólo nuestra sangre a la Nueva España.

Cerca de ti, aquí muy cerca, la tristeza es dulce.
¡Oh cruel extranjero de manos sin bálsamo!
La paz de las olas es nuestra admirable tumba.

Traduction : Pilar BELTRAMI –
Barcelone, Espagne -Lausanne, Suisse.

Suite mexicaine

Première édition : QazaQ, Pays-Bas 2016

Seconde édition TEKEDIO Editeur, UK 2022

Du même auteur

– LE COIN DES ENFANTS, Bona Mangangu. Tekedio Editeur. Mai 2022.

– LA MONTEE, L'ECLAT, Bona Mangangu, tr. Français-Espagnol. Editions Arcana nomades, France-Mexique. 2022.

– MAURICE, Porteur de foi, Bona Mangangu. Tekedio Editeur, UK. Février 2022.

– Le Songe de LEONORA CARRINGTON. Textes : Bona Mangangu, Peintures : Claude-Henri Bartoli. Edition bilingue français/espagnol. Traduction : Pascal Casanova et Rosaura G. Exposition au Musée Leonora Carrington/ Arcana Editions nomades. San Luis Potosi, Mexique. Mars 2020.

– Claude-Henri Bartoli (1943) peintre, "Dans le labyrinthe de ma mémoire." Bona MANGANGU, Suite mexicaine. Texte. Arcana éditions nomades. San Luis Potosi, Mexique et Bédarieux, France, 2018. (ISBN 2-909905-15-2)

– Qui était Joseph, modèle noir du Radeau de la Méduse. Entretien avec Hélène Combis sur France Culture.fr Le 22 mars 2019 à l'occasion de l'exposition "Le Modèle noir" au Musée d'Orsay.

– JOSEPH LE MAURE. Texte Bona MANGANGU. Tékédio Editeur/Collection Ailleurs. Oct 2016. Février 2022.

– RUBATO. Textes: Jean-Yves Fick. Peintures: Bona Mangangu. Avril 2016 Editions Publie.net (France)

– SUITE MEXICAINE. Textes de Bona Mangangu. Six gravures rehaussées de Claude-Henri Bartoli. Oeuvres originales. San Luis Potosi. Mexique, Avril 2014. Mars 2016. Ed. QazaQ, Pays-Bas. Traduit en anglais, espagnol et chinois.

– L'OBJEU. Textes LY-THANH-HUE. Photographies Bona Mangangu. Editions QAZAQ Jan 2016

– CARAVAGGIO, le dernier jour. Editions Publie.net. Toulouse, France. Nov 2014

– Jean-Louis Kuffer, L'ÉCHAPPÉE LIBRE, lectures du monde 2008-2013. Quatre index : Bona Mangangu. Editions L'Age d homme. Lausanne 2014.

– Espoir des empreintes. Textes Sonya Sandoz, Illustrations-Frontispice Bona Mangangu. Editions du Petit Véhicule, Nantes. Déc 2013.

– On s'est déjà vu / olemme jo tavanneet / we have already met. Autour de l'oeuvre de Carita Savolainen. Aquarelles. Éléments de langage Editions. Bruxelles. Traduit en anglais et finnois. (Ouvrage collectif) Déc 2013.

– Father, Son and Holy Ghost, On the dissemination of the sensible, Sheffield Institute of Arts, 2011

– Hospitality Variations, Sheffield Hallam university press, UK 2010

– Carnets d'Ailleurs, Paris, l'Harmattan, 2008. Collection Encres noires

– Kinshasa, carnets nomades, Paris, l'Harmattan, Paris, 2006. Collection Encres noires.

– Et si la beauté de ce festin…, Paris, l'Harmattan, 2004

– Ce que disent mes mains sur la toile, Paris, l'Harmattan, 2002

Codex Azcatitlilan

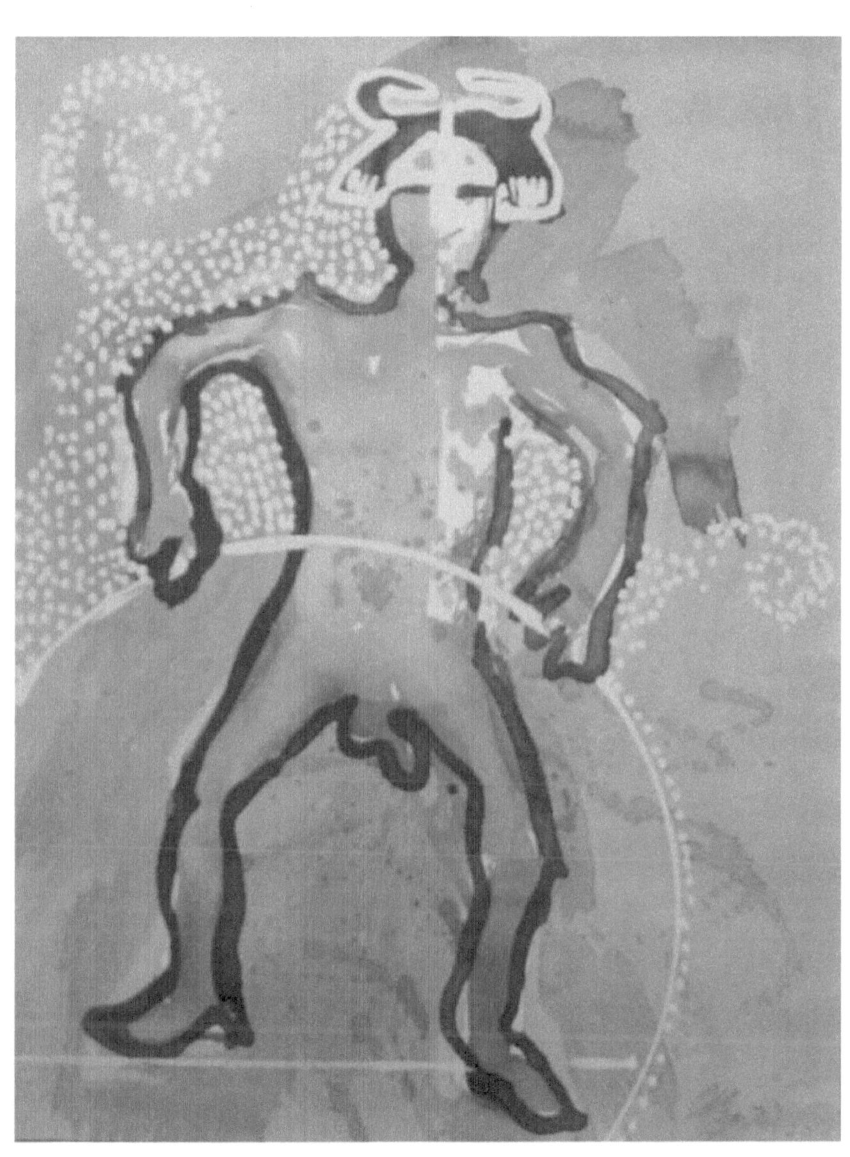

Gravures originales rehaussées de Claude-Henri Bartoli

TEKEDIO Editeur

9 798201 386399